In Worte gefasstes, gedankliches Feuer

Für meine Eltern, meine Freundin,

alle Freunde und Bekannten,

und alle die,

die mir immer ein guter Wegbegleiter,
Berater und Zuhörer waren.

Michael Härtel

In Worte gefasstes, gedankliches Feuer

Gedichte

Alle Rechte beim Autor

Illustrationen:
Gerhard Tiefenmoser, Michael Härtel

Covergestaltung::
Michael Härtel

Herstellung und Verlag:
Books on Demand GmbH, Norderstedt

ISBN 3-8334-0407-8

Jahreszeitliches

Advent

Kennst Du den Spruch,
den man sagt,
hinter keinem vorgehaltenen Tuch:

„Advent, Advent
ein Lichtlein brennt,
erst eins, dann zwei, dann vier -
und wenn das fünfte Lichtlein brennt,
dann hast Du Weihnachten verpennt."?

Glaubst Du, daß man nur rennt,
um rechtzeitig die Geschenke zu
bekommen?

Das Ziel der echten Frommen
sollten wir bedenken
und Schritte und Geschicke
dorthin lenken,
um zu gedenken,
was Christus hat vollbracht.

Gib acht,
daß Du Dich nicht verrennst
bei dem Geschenkekauf,
sonst steuerst Du mit vollem Lauf
in einen riesengroßen Streß.

Komm´ lieber mal zur Ruhe,
nimm´ Dir die Hausschuhe,
setz´ Dich hin vor´s Glotzophon
und lach´ Dir eins ...

Dein Lohn sei die Gemütlichkeit

Besinnung

Brüderlichkeit

und auch Dankbarkeit

und was man sich sonst noch
so wünschen kann
für jedermann;
bedenke, das sind Geschenke!

Einladungsgedicht zu Weihnachten

Wir treffen uns heute
und zwar die Leute
aus dem ganzen Haus.

Wir wollen feiern,
- kostenlos -
feiern die kommende Weihnachtszeit.

Ich habe mir genommen
um auch hier her zu kommen
die nötige Zeit
und Muße.

Niemand rief auf zur Buße.
Wir nutzen besagte Muße,
um zur inneren Einkehr zu finden

Wir wollen auch froh sein und scherzen
mit leichtem Herzen,

denn Christus
ist im Kommen zu all den
Frommen auf der Welt.

Er ist die Erfüllung
und die Enthüllung
unseren Glaubens.

Er ist's, der uns am Leben erhält.

Maria aus Wesel?

oder:

Die Weihnachtsgeschichte in einer neuen Form

Maria sollte bekommen
einen Sohn zum Lohn
ohne zu stehen in Fron,
denn ihr erschien der heilige Geist.

Der lies sie danach wie verwaist,
und deshalb war sie
anfangs beklommen,
als sie erfuhr
daß sie sollte Jesus Christus bekommen.

Nach der Geburt
legte sie ihn in eine Krippe
fernab ihrer vertrauten Sippe.

Nur Josef,
Ochs und Esel waren da.

Keiner kann heute mehr sicher sagen,
woher sie kam mit ihrem Mann
zu tragen ihr wenig Hab und Gut.

Man könnte sich auch fragen:
Kam sie aus Wesel?

Oder
brauchte sie den Esel,
um von dort
in den Stall zu gelangen?

Ihr Mann. der war Schreiner,
der hieß Josef und nicht Heiner,
und sie sind
nach dem Schuften
nach Bethlehem gegangen
bevor sie konnten
empfangen
die Herrn aus dem Morgenland.

Diese brachten,
um den neugeborenen Herrn zu achten
teure Gaben
damit der Erlöser der Menschheit
sich sollte laben
und die Eltern sich sehr freuen.

Ach, da fällt mir zum Schluß noch ein,
Wesel gab es damals ja noch nicht,
was bin ich doch für ein Wicht!

Zu Ende ist das Gedicht.

Jetzt machen wir Licht.

Das Räucherstaberl

Es schwirren Düfte durch Zeit und Raum
ein Räucherstaberl steht im Zimmer
und entführt in jeden erdenklichen Traum.

Du liegst so da
und hörst Musik,
das Staberl brennt und brennt,
und du kannst dich entspannen,
bei vielerlei Gerüchen,
und der Streß fällt ab.

Die Gedanken kommen,
die Gedanken geh´n;
dazwischen hört man alles
wie in Watte gepackt,
bis die Asche fleht, nach ihr zu seh´n
und deshalb schnellstens aufzusteh´n,

damit man dann
ein neues Staberl entzünden kann.
Man entflieht in erneute Gedanken,
bis man schließlich ganz entspannt
einschläft.

Stellt man fest,
- so mit der Zeit –,
daß es gut tut,
wenn man den Flüchen
entflieht,
und nichts weiter geschieht:

- Alles ist ohne Belang -
zieht man immer wieder
ein Staberl ans Licht
und sieht ein: Ohne geht´s nimmer nicht.

Die Schneeflocke

Die Schneeflocke
fliegt durch die Luft,
doch sie verpufft,
wenn sie zu Boden fällt,

oder wenn man ihr die Hand hinhält. -
Kommt sie als Regen,
kommt sie naß entgegen.

Doch kommt sie von ganz da oben,
wo es droben
sehr kalt ist,
haben wir eine weiße Welt,
weil sie als Schnee zu Boden fällt.

Alle Leute tragen dann Loden
und die Kinder lieben sie
und bauen die tollsten Sachen,
die ihnen viel Freude machen.

Beim Spielen fallen sie manchmal
auf den nassen Hosenboden
und biegen sich vor Lachen.

Greifen die Kinder nach dem Himmel,
kommt sie vielleicht auch als Hagel,
- die Flecke tun weh -,
das ist nicht schee,
und es ist kein Schnee.

Im Regelfall jedoch
malt sie
Blumen ganz aus Eis
an die Fenster.

Fastenzeit

Vorbei ist nun die Winterszeit,
was bleibt,
ist der Speck aus derselben.

Der kommt von den fetten Gänsen
und anderen leckeren Dingen,
die uns Genuß und Freude bringen.

Also sollte nun im Frühjahr gelten
ohne zu schelten,
daß man die Pfunde verliert,
die wir uns den Winter über
angefressen,
da wir meistens herumgesessen ...

Stellt man sich auf die Waage,
kommt zu Tage,
was mit dem Schmaus passierte;

stellt sich die Frage:

O Graus,
wie komme ich aus den Fettpölsterchen
raus??

Wird das eine Plage!

Genervt beginnt eine Abmagerungskur,
man gibt sich hin jedem erdenklichen
Schwur.
Schließlich stellt man fest,
es gibt etwas Neues,
das gibt uns den Rest:

Das Starkbier!!

Das ist erneut wieder ein Fest
für die Polster, -
da das Starkbier lockt!

Man sucht für die Kur
nach anderen Sachen,
denn das Bier soll ja schließlich
Freude machen.
Wie man abnimmt
oder sein Gewicht wenigstens hält,
sollte ein jeder selbst wissen.

Bei jedem Bissen sollte klar sein,
egal, was es ist: Diät oder Kur
- oder Völlerei -
es kostet Geld
und Du plagst Dich dabei!

Aber trotzdem:

Abnehmen lohnt sich, aber bitte nicht abmagern und nicht schmachten und auf sich achten!!

Der Frühling

Es blühen Buschwindröschen,
Vergißmeinnicht,
und auch Rosen
zwischen Dosen
im Dickicht.

Mimosen
haben diese Dosen
aus Faulheit
nicht mit heim genommen,
mal eben bedenkenlos
ins Dickicht geworfen.

Dies passiert nicht nur mit den Dosen,
denn das Dickicht kann dienen
auch für andren Schutt,
und das macht nicht nur
den schönen Anblick kaputt.

Also kommt ausgerechnet,
geschickt von „Antenne Bayern",
ein Trupp, um die Landschaft
zu „entreiern",
damit der Frühling als Frühling,
als gut Ding – und aufgeräumt –
beginnen kann.

Dann ist nichts mehr vom Müll verd(r)eckt,
und alles kann grünen und blühen,
damit die Knospen sprießen und glühen.

Jedes Jahr hat sich neu aufgebäumt
die ganze Natur.

Sie träumte im Winter
vom Frühlingserwachen
auf weiter Flur.

Buschwindröschen, Vergissmeinnicht
grüßen Dich im neuen Jahr
in neuem Licht.

Der Baum im Jahreslauf

Im Frühling beginnt der Saft
zu fließen,
die Knospen beginnen zu sprießen.

Erst ganz bedächtig,
dann schnell
und mächtig
fließt der Saft
in seine „Manneskraft".

Die Knospen
lassen sich Zeit
und warten, was das Wetter treibt.

Bald geht es rund
und wird immer bunter,
bleibt auch im Sommer noch munter.

Ab Herbst wird manches Laute stumm,
denn die Dinge laufen verkehrtherum.

Dann geht der Saft zurück in den Stamm,
so nach und nach,
und im Winter liegt er brach.

Wer meint,
daß die Natur nun weint,
der irrt,
denn er wird
im Frühling immer wieder
von neuem verwirrt;
der Baum spreizt seine „Glieder"
aufs Neu,
und im Sommer machen wir wieder Heu.

Aus

den

Beziehungskisten

Die Freundschaft

Manchmal lernt man jemand kennen,
da meint man, man muß rennen,
damit er nicht verloren geht.

Dann gibt es welche,
die sind wie Kelche
und andere, die es lieben,
wenn sie Dich
in Sicherheit wiegen.

Es tut mir leid,
wenn ich das so sage,
doch ich trage
nur die Wahrheit und meine Erfahrungen
hinaus.

Es gibt noch Gruppen,
bei denen muß man sich schuppen,
damit da etwas geht,
bevor die Freundschaft endlich steht.

Quintessenz:

Man muß selbst sich bemühen,
bevor bei jenen - die man will -
die Funken sprühen.

Die Liebe

„Die Liebe ist ein seltsames Spiel",
sie gibt ´mal wenig, ´mal auch viel.

Man muß sich zu jemandem
hingezogen fühlen
und manchmal seine Wallungen
hinunterspülen,
doch diese kühlen,
je länger die Liebe dauert,
leider oft immer mehr ab -
und das nicht zu knapp.

Doch dann geht es wieder einmal bergauf
und manchmal auch wieder runter,
so wird das Leben später bunter.

Im Laufe der Zeit
wird sie immer fester,
baut man sich Liebesnester
all möglicher Art, -
die sollten sein zart.

Doch das geht nicht immer,
und wird es schlimmer,
geht man auseinander

und versucht zu finden
unter den Linden
neue Lebenspartner.

Zweisame Einsamkeit

Du sagst, Du willst allein sein,
obwohl Du zu mir kamst.
Ich dachte, Du wolltest zu zwein sein,
ich dachte, Du meintest es ernst.

Dir nun sage ich:

Geh mir nicht auf die Nerven
mit dem Streß,
den Du machst,
während Du wachst
über das, was ich Dir gebe.

Nun habe ich mich entschieden,
daß ich alleine lebe
und mir die Lehren
auf die Stirne klebe.

Wahrscheinlich lebe ich so besser,
denn ich brauche keinen Mitesser,
der sich bohrt in meine Haut
und sich sonst nichts traut.

Momentan bin ich wieder klein.
Doch stehe ich auf,
beginne von Neuem meinen Weg
und bekomme und nehme Erfahrungen
in mein Gedächtnis hinein.

Eigentlich ist mir klar,
daß das, was war,
nicht so bleiben kann,
denn ich als Mann
suche eine Frau,
mit der man eben
auf Dauer leben kann.

Hinterher tat´s gar nicht mehr so weh

Ich gebe zu,
ich habe manches falsch gemacht,
drum hat´s auch öfter mal gekrieselt;
doch nun sag ich Dir ganz sacht ins Ohr:

„Ich meine mich gebessert zu haben,
also kannst Du Dich an der schönen
Zukunft erfreuen,
denn ich gebe jetzt acht."

Lauter sag´ ich,
und denk dabei an Dich:

„Liebe auch mich."

Ich weiß, ich bin nicht fehlerlos,
doch gebe ich mich gerne in den Schoß
Deiner Wünsche.

Lünche mich für alles,
was Du nicht willst,
d.h., sag all´ Deine Wünsche,
auch wenn sie mit meinen kollidieren,
denn ich will mich nicht wieder blamieren.

Ich wünsche mir
eine glückliche Zukunft mit Dir.
Du warst und bist in meinem Herzen drin,
und ich glaube zu wissen,
was ich für Dich bin.

Sicher weiß ich,
die Vergangenheit tat weh,
aber ich bin jetzt da,
um die Fehler zu kitten
und es künftig besser zu machen.

Auch mir fiel manches
in der Vergangenheit schwer,
doch kann ich nun hergehen,
meine Fehler zuzugeben,

damit es besser wird in unserem
gemeinsamen Leben.

Ich wollte schon immer ein Miteinander,
aber ich weiß auch,
es kann etwas übrig bleiben
aus und in den Weiten der Vergangenheit,
und ich hoffe, Du kannst jetzt sagen:

„Hinterher tat´s gar nicht mehr so weh."

Wir werden jetzt wohl öfter
miteinander reden,
damit die Fehler gar nicht erst entstehen
oder behoben werden, -
damit wir uns wieder erden.

So meine ich,
kann immer
von Neuem beginnen
unserer Liebe Lebenslauf.

Ode an die Freundin

Du hast eine Haut wie Alabaster,
doch erhälst Du dafür keinen Zaster.
Der Lohn ist meine Liebe.

Wegen Dir verzichte ich auf meine Laster
und widme nur Dir all´ meine Triebe.

Sie werden Dich lieben
zu jeder Zeit,
nicht nur, wenn wir zu zweit ...

Für mich bist Du der größte Hit,
denn Du machst mich richtig fit
in all den Dingen,
die Dir und mir
Freude bringen.

Im Moment gebe ich Dir mehr als Du mir,
doch gebe ich Dir die Ruh´,
die Du brauchst,
um Dich auf mich einzustellen,
denn ich sehe, Du bist Dich am „pellen".

Du schlüptest schon
aus Deiner alten Haut
und das erlaubt
es mir zu warten. -
Wir können später starten!

Quintessenz:

Ich bin zufrieden
wie es läuft mit uns.
Ich sehe,
daß ich mit Dir nicht am Ende stehe.

Liebesgedicht

Ich habe das Gefühl, unsere Liebe wächst
ganz allmählich gen Himmel,
ich hoffe nur,
sie bildet keinen Schimmel.

Mein Herz hüpft vor Freude in die Höh´,
wir kriegen sicher auch keine Flöh´.
Du siehst, ich bin froh und ab jetzt
glücklich, Dich gefunden zu haben.

Ich verspreche Dir hiermit, alles zu tun,
damit wir uns können laben
an all´ den schönen Gaben,
die wir uns weiterhin geben
im künftigen Leben.

Wir sind am Anfang ganz banal
- und das ist sicher nicht mal schal -,
spazieren gegangen.

Vielleicht etwas in Schlangenlinien,
aber das ist doch nicht schlimm.
Deshalb nimm
es bitte, wie es kommt.

Ziehen wir an einem Strang,
hält unsere Liebe ein Leben lang.

Mir ist auch nicht Angst und Bang,
da wir uns immer in allen Fragen
die Wahrheit sagen.

Also:

Machen wir bitte weiter,
und das hoffentlich heiter ...

Ist das einmal nicht der Fall,
gibt es sicher einen Weg,
den man findet,
der führt über einen Steg,
der zwischen uns verbindet
- hin und her -.

Die Freude über die Freundin

Mein Herz ist warm geworden,
dafür verdienst Du einen Orden,
denn Dein Platz darin wird immer größer.

Es ist nun warm
und nicht mehr arm, -
wächst das Herz nun immer mehr,
wird nimmer leer.

Für mich geht´s weiter hoch hinauf -
durch Dich
nimmt das Leben einen neuen Lauf.

In Beziehungen gibt es

*schwere aber auch leichte Momente, die
von lustig bis ernst reichen und
bei denen es sich lohnt darüber
nachzudenken und sich über einiges klar
zu werden.*

Michael Härtel

Nachdenkliches

Kopf voller Ideen

Mir schwirren viele Dinge im Kopf herum,
doch sind sie dumm?
Haben sie einen langen Bart,
oder keimen zart
neue Dinge,
daß ich bringe neue Ideen?

Sie sind wie Feen,
die kommen und gehen,
und manchmal bleiben sie stehen.

Dann hält man sie fest,
und hofft, sie geben einem nicht den Rest;

doch sind sie entstanden,
beginnen sie sich zu wanden
aus dem Kopf hinaus.

Dann werden sie verewigt
in Sprache, Wort und Bild
und manch´ einer sagt:

„Ei der Daus,
trag sie doch in die Welt hinaus!

Die Gedanken

Die Gedanken sind groß,
sie sind auch klein,
manchmal könnte man
wegen ihnen schrei´n.

Doch es gibt auch welche,
die sind wie Kelche,
die genau so blühen wie Rosen,
aber auch wieder verglühen.

Diese stellt man in Vasen,
um später davon zu „grasen".

Dort stehen sie,
bis man sie braucht,
oder sie „durch die Pfeife raucht".

Man kann sie auch schreiben,
dann lesen, erzählen,
also allgemein weitergeben
und dabei hoffen,
daß sie nicht versprühen.

Damit dies´ nicht passiert,
würde man solche
am liebsten in die Erde pflanzen,
damit daraus werde
ein großer Gedanke.

Schmerzloswerdung

Ich hab´ Schmerzen
im Herzen,
ohne zu scherzen.

Das Scherzen
fällt schwer
mit Schmerzen
im Herzen
und das Lachen.

Um den Schmerz
los zu werden
muß ich mich
erden.

Dazu gibt es verschiedene Mittel,
um zu bekommen
den „angezogenen Kittel".

Das können auch Freunde sein,
Bekannte, aber auch Musik,
die gibt den richtigen Kick.

Es kann auch helfen
allein zu sein,
denn dann kann man
irgendwann wieder zu zwein
durch's Leben gehen ...

Hoffentlich beginnt die Chose
nicht wieder von vorne,
denn sonst geht
manches vielleicht in die Hose.

Zusammenfassung

Mache was Du willst,
damit Du Dich nicht selber killst.

Die Ehrlichkeit

Im Leben empfiehlt es sich, ehrlich zu sein,
sonst hat man schnell einen Klotz am Bein.

Dieser Klotz wird immer größer,
und man fährt wie die Flößer
den Strom hinab.

Schließlich heißt es: „Ehrlich währt am
längsten".
Sonst muß man leben mit den Ängsten.

Sicher bleibt es jedem selbst überlassen,
was er sagt und tut,
doch ein „ruhiges Gewissen
ist ein sanftes Ruhekissen."

Auf diesem kann man ruh´n
und kann schöne Dinge mit ihr (und ihm) tun.

Man ist mit sich zufrieden,
und die Lieben
daheim
wissen, woran sie sind,
denn wir sind kein kleines Kind.

Diesem muß man erst
zeigen, wie das ist mit dem Ernst
im Leben,
in dem man eben ehrlich sein soll.

Wo ist sonst die Basis für alles Andere?

Der Fluß der Zeit

Ein Tropfen fällt zu Boden,
gefriert zu Eis und Schnee,
die Sonne scheint, und er
rinnt allmählich
mit anderen zusammen
und zieht als immer größerer Fluß
von dannen.

Ist er ein Strom geworden,
zieht er vorbei
an Feldern, Wiesen;
sieht auch Brücken, Schlösser, auch Burgen
an seinen Ufern liegen;
wird durchpflügt von Kähnen,
von Booten,
auf denen die Schiffer
die Zeit vergessend den Weg zum Meer
ausloten.

Manchmal hält er inne
in einem großen See der Zeit,
wo er eine Weile bleibt
um auf anderer Stelle wieder
hervorzutreten
und wir beten,
daß uns die Tiefe der Zeit
noch lang erhalten bleibt

bevor sie uns durch die Finger
ins Meer entschwindet

bis man schließlich nur noch Spuren findet.

Die Zeit

Zeit ist vergänglich.
Sie enthält ein Gestern und ein Morgen,
aber auch ein Übermorgen.

Ein Vorgestern, ein Gestern, ein Jetzt
und ein Morgen, -
eben Vergangenheit, Gegenwart
und Zukunft,
die in Sekunden, Stunden, aber auch
in Tagen ausgedrückt werden kann.

Doch viele kleben an dem Jetzt
und denken nicht an Morgen,
geschweige denn an Gestern
oder Übermorgen
und halten sich an Sekunden fest.

Dabei kann und sollte man aus der
Vergangenheit lernen,
damit man in der Zukunft besser
leben kann.

Dann ist das Jetzt leichter durchzustehen
und zu ertragen.

Denn das Jetzt greift auch hinüber in die
künftigen Tage
und kommt schon zum Tragen,
wenn nur eine Sekunde verstrichen ist.

Sicher kann man Zeit auch sparen,
verschenken und versuchen anzuhalten,
aber nie bleibt alles beim Alten.

Selbst ein Atemzug kommt und geht.

Das Leben

Das Leben hat viele Facetten,
es schreibt unter anderem Motetten.

Mal geht es rauf,
geht wieder runter;

das Motto sollte sein:
„Sei und bleibe munter."

Ebenso gibt es ein Dur und ein Moll,
bei dem fühlen wir uns
nicht immer wohl
und toll.

Wenn das Leben voll
Ist mit Dingen,
die uns Freude bringen,

brauchst Du sie nur zu suchen
und nicht zu fluchen.

Am besten ist, Du bleibst in der Mitte,
das ist, worum ich Dich bitte,
denn das Leben kann wundervoll sein.

Der Sinn des Lebens

Der Start ins Leben ist die Geburt,
von da an
wächst man immer schneller,
bis es körperlich nicht mehr geht
und schließlich ein Mann
oder eine Frau dasteht.

Bis man erwachsen ist,
macht man viele Faxen,
lernt manche List
und muß so manches durchleben,
bis man nicht mehr kleben
bleibt an Fehlern
auf dem weiteren Weg im Leben.

Wie gesagt,

der Start ins Leben
ist eben
die Geburt,
nach der man mit möglichst großem Spurt
versuchen sollte herauszufinden,
was das Leben einem so zollen sollte,
wenn man das auch wirklich wollte.

Denn man wächst und wächst
bis zum Erreichen eines Wende-Punkts.

Der versetzt dich rückwärts
im Denken und im Tun,
bis Du schließlich kommst zum Ruh´n.

Dazwischen baut man auf,
was man braucht für seinen Lebensweg.

Man fragt sich also wo,
der Sinn des Lebens ist
und stellt fest,
die Antwort frißt und frißt und frißt,
bis das Rätsel nicht mehr zu lösen ist.

Doch was nicht zu ändern ist:

Die Antwort muß wohl jeder selbst
versuchen zu finden,
um die Lösung zu erkunden,
und seine Wunden zu verbinden.

Die verblassenden Bilder

Ich halte Bilder in meiner Hand
und möchte wissen:
Sind sie Tand?

Sie sind das Pfand
aus der Vergangenheit,
von der wir gekommen,
zu der wir gehen,
wenn wir die alten Bilder ansehen.

Momentan stehen wir in der Gegenwart
und sehen, daß das vergangene Leben
oft schwer war.
Die Vergangenheit war manchmal auch
hart, zart,
doch immer durchstehbar,
so daß ich den Weg bis ins Heute fand.

Die Erfahrung zeigt:

Es gibt immer einen Weg,
der ist dann der Steg
für Neues.

Auch wenn es manchmal nur ein Ausweg
ist,
der dann am richtigen Weg frißt:

Es heißt: „der Weg ist das Ziel!!“

Man muß den Weg finden,
der einem am meisten bringt.
Der wird einem viel geben.

Und all´ diese Wege
sind dann verblassende,
aber auch wiederkehrende Bilder.

Was so aus dem

Rahmen fällt

Der Weg einer Glocke, damit man frohlocke

Die Glocke erschallt,
nachdem sie aus Lehm gebrannt.

Doch was passiert, bis der Schall
kann werden ein Hall?

Gehoben wird sie nach dem Guß,
doch sie ist nicht mehr im Fluß,
und der Schluß
muß warten,
denn sie muß
noch vollbringen ihre Tat,
damit die Gläubigen bekommen ihren Rat
von Gott.

Der Ablauf ist nun der, daß

der Gießer hat gebrannt
die Zeichen,
als das Metall noch konnte weichen.
Dies´ war während des Gußes ja schon
möglich,
doch nachdem sie kam aus des Lehmes
Mantel
sticht er wie eine Tarantel
die Lettern nach;

nun liegen sie brach
und sind leicht zu lesen.

Der Gießer holt noch schnell den Besen
und kehrt
alles auf, damit sie bald beginnen kann
in Reinheit ihren Lebenslauf,
denn der Gießer ist ein schöpferischer
Mann.

Er prüft ihren Klang
ganz intensiv
mit Ohr und Gabel
und stellt fest, er geht ihm
durch den Nabel bis in den Bauch.

Also folgt der Abtransport
hin zum Gotteshaus,
damit sie recht lang´ wirken kann
in großer Höh´
bei Frau und Mann.

Käufliche Machenschaften

Düfte schwirren durch die Lüfte,
von denen man sich fragt:
„Wo kommen die denn her?"

Man findet die Gerüche gar nicht schwer
irgendwo in der Ecke stehend
rauchend – wie ein Mann -
Gläser oder Ständer gebrauchend,
da man sie mit Duftölen erzeugen kann.

Sie locken,
weil nichts beim Alten
bleiben soll,
und man dem Kunden zeigen will:
Die Auslagen sind toll.

Also finden die Geschäftemacher
immer neue, leicht in die Nase gehende,
betörende Nasenkitzler
zum Beduften ihrer Räume,
vielerlei zur Auswahl,
daß man entzwei fällt,
hinein in deren Träume,
und in die Qual der Wahl.

Dazu nutzen sie den Duft
von Rosen, Tannenbäumen,
Orangen, auch Zitronen,
von Zedernholz
und so manchem anderen
wohl riechenden Gehölz.
Damit das Geld schon
auf dem Thresen liegen bleibt,
stürzt man sich in den Rausch,
den Tausch gegen Geld,
wie es gefällt.

Dann ist man voll in deren Welt,
und es gesellt sich
immer wer dazu.

Was aber unter der Decke bleibt, ist,
daß man wieder kommen soll,
wenn die Börse erneut voll
und man den Laden nicht vergisst ...

Also bekommt man das Geschäft
nie mehr aus dem Kopf,
der Verkäufer packt Dich
erneut am Schopf
und das mit Stolz
und es hilft dem „Schuft"
der Duft.

Die Laus

Die Laus,
die hat kein Haus,
doch sie hüpft,
wenn sie schlüpft,
von Tier zu Tier,
von Tier zu Mensch,
von Mensch zu Mensch und
vielleicht auch durcheinander,

um zu saugen Blut,
aber das ist gar nicht gut,

was uns zu der Bertrachtung führt
aber auch nicht weiter rührt,
daß die Laus
das Zapfen von Blut
gemein hat mit der Mücke.

Bei der kocht uns auch die Wut
und das mit Glut,
denn das Entstehen der Lücke im Blut
schmerzt und führt
zu schlaflosen Nächten.

Der Tag

Der Tag beginnt,
nachdem wir schliefen,
meistens die ganze Nacht hindurch.

Nach dem Aufstehen folgt das Toilettieren,
bei dem wir fast auf allen Vieren
müde kriechen zum Spiegel hin.

Schaut man in ihn hinein,
sagt man vielleicht zu seinem Gesicht:
„Ich kenn´ Dich nicht;
aber ich wasch Dich trotzdem, -

oder soll ich Dich überhaupt waschen?"

Jetzt kann es sein, daß man beim
Dahin-Kriechen feststellt,
daß man etwas tun muß,
was man meistens gar nicht will:

Man ist zum Glück mit sich allein.
Noch größer wäre nämlich die Pein
beim Teilen des Bades.

Weiter geht es
mit den Vorbereitungen zum Essen,
bei dem wir fast fressen,
da ungewiss, man nicht weiß, wann und ob
wir später etwas zu beißen bekommen.

Letztlich geht man schon genervt
zur Arbeit.

Dann passieren dort noch Dinge,
die einen stressen.
Du kannst den Tag
schon fast vergessen

Resultat
und guter Rat:

Von Anfang an sich Zeit lassen
zwischendurch Pausen machen
und auch mal lachen

*Das Leben kann schon mal aus dem
Rahmen fallen,
wenn keine Ordnung mehr gegeben ist ...*

*Doch findet jeder irgendwann seine neue
Linie, die dann sein Leben beeinflusst.*

Michael Härtel

Lebenslinien

Der Geburtstag

Der Geburtstag ist der Start ins Leben
mit dem man eben
jedes Jahr
feiert, was man
ganz am Anfang war:

Ein Kind, ein Säugling,
der bekommt
immer mehr Aufwind
mit der Zeit ...

Diese nutzt man
so lang´ sie einem bleibt
und versucht, das Beste daraus zu machen,
denn man möchte meistens lachen.

Lachen kann man nur nicht immer. -
Vielleicht feiert man ihn deshalb,
weil man hofft,
es kommt nicht schlimmer.

Und man feiert ihn immer und
immer wieder,
bis man schließt die Lider.

Familienfeiern

Zu großen Festen, wie Geburtstag,
Kommunion und Weihnachten
kommen alle Basen, Cousins und Tanten,
- kurz alle Verwandten –
zu Besuch
und sitzen herum um das gleiche Tuch,
das runde,
und gleichzeitig wachsen
wieder die Pfunde.

Man kam, um nach dem zu trachten,
was man übers Jahr
nicht fähig war
zu erfahren,
und nur andere in Erfahrung brachten.

Also sitzt man da und sitzt,
schwitzt und schwitzt,
geht kaum vor die Tür
und wenn, dann nur,
um zu erfüllen die pflichtige Kür.

Da wird an dem Tisch, dem runden
unumwunden
diskutiert,
sich geärgert
und wieder lamentiert,
und manch´ einer
ist vielleicht auch angeschmiert.

Also geht die Chose
so mit der Zeit in die Hose;
dann ist man froh,
wenn die Show
so nach drei, vier Tagen
wieder auseinandergeht, -
doch ich kann Euch sagen, ganz gewiss
sitzt man im nächsten Jahr wieder
zusammen mit dem gleichen Biss.

Klassentreffen

Nach Jahren des gemeinsamen Paukens
ist die Schule plötzlich aus,
und manch´ einer ist froh,
daß er ist aus diesem Haus endlich raus.

Ein anderer fällt in ein tiefes Loch
und begibt sich in das „Joch"
regelmäßiger Treffen.

War groß genug der Zusammenhalt,
wird schnell gesucht ein Organisator
für ein Treffen bei Steffen,
und das möglichst bald,
damit man halt
auf dem Laufenden bleibt
und sieht,
was ein jeder im Lauf der Zeit so treibt.

Dann setzt man sich an den Tisch
und ißt nicht nur Fisch,

beginnt zu flachsen,
zu ratschen und zu tratschen.

Doch im Laufe der Jahre
stellt man dann fest,
es ist immer die gleiche Leier,
nämlich wie bei einer Familienfeier:

Dort kommen immer die Gleichen
bis die Weichen der Zukunft,
dazu führen,
daß die Teilnehmerzahl schrumpft,
und einen jeden
können sie verführen
über die Vergangenheit zu reden.

Wenn die Treffen sind
über die Jahre hingegangen
wird man immer mehr befangen,
da man nachdenklich wird,
denn durch das Alter sind die meisten
hinfortgegangen,
mit denen man sonst herumgehangen.

Das Alter

Der Lauf des Lebens
ist,
daß man älter wird
mit der Zeit.

Was bleibt,
ist die Erinnerung an die Vergangenheit,
vielleicht auch Weisheit
oder Überlegenheit,
von der man zehrt,
bis einen doch noch etwas Neues bekehrt.

Das Lernen bleibt auch im Alter nicht aus.

Äußerlich kann man das Alter erkennen
an Stock und Hut,
und dem nicht mehr
ganz so starken Antrieb.

Man sieht,
der ganze Körper ist verschlissen
- bis auf Ausnahmen –,
die man Rüstigkeit nennt,
auch sie schwindet mit der Zeit, -
irgendwann hat man ins Gras gebissen.

Schnell wird die Beerdigung organisiert.
Die Verwandtschaft
an der Bahre lamentiert herum
mit traurigem Gesicht,
schaut weinend auf
die angegrauten Haare,
bis sie recht dumm
bei der Testamentseröffnung
aus der Wäsche schaut.

Selbst ergraut
- oder auch nicht -
zeigt sie nun ihr wahres Gesicht.

Der Abschied

Es gibt verschiedene Arten
des Abschieds:
Einmal den harten aber
auch den zarten
und den auf Raten.

Wir verabschieden uns mit Schmerzen
im Herzen,
wenn wir gehn,
von dort wo wir gerade noch stehn ...

Abschied bedeutet nicht immer Tod -
bei dem sieht man rot.
Es gibt ebenso das alleinige Tschüß,
nachdem ist Schluß.

Tschüß
vielleicht nur vorübergehend,
oder auch nicht!
Das hängt von dem ab,
worauf man erpicht ist.

Quintessenz:

Zum Abschied braucht man den Spaten;
dann ist es für immer, -
er kann aber auch sein auf Raten,
dann weiß man nicht,

wird es noch schlimmer??

Gute Wünsche

Geh´ hinaus in die Welt,
so wie es Dir gefällt,
nehme mit, wen Du meinst, -
auch wenn es nur Dein Liebstes ist,
mußt Du bedenken:

Gott wird lenken,
was Du mußt bedenken.

Doch Du bist nicht allein,
da gibt es andere,
die Dich begleiten,
wenn es hinaus geht in die Weiten.

Laß´ Dich nur nicht verleiten,
daß Du abkommst von Deinem Streben.
Auch ich
möchte Dich
ein (großes) Stück begleiten.

Also geh´ Du Deiner Wege,
ich werde suchen Vergissmeinnicht
für Dich,
bis wir uns wiedersehen
in guten und in schlechten Tagen,
die uns
erneut zusammenbringen,
dann werden wir uns
noch mehr verstehen ...

Inhalt